이렇게 좋은 날에 왜 눈물이 날까

어른들과 함께 읽는 차홍렬 동시집

오감도

☾ 이렇게 좋은 날에 왜 눈물이 날까

지은이 • 차홍렬

펴낸이 • 강옥현

주 간 • 양재일

발행처 • 도서출판 오감도

초판 인쇄 • 2025년 9월 27일

초판 발행 • 2025년 9월 30일

전화 070-7778-2591 010-3206-2591

팩스 (031) 775-0161

출판 등록일 • 제 10-1651(98. 10. 15)

서울시 중구 을지로3가 268 유일빌딩 604호

ISBN 978-89-5698-447-6 03810

값 10,000원

머리글

80년 전 대구 변두리 시골 마을에서 태어났다.

집 앞 저수지에 떠 있던 어리연과 논밭 사이로 흐르던 냇물에 머리를 감으려고 길게 늘어뜨린 수양버들은 내 동심의 수채화였다.

겨울이면 토끼털로 만든 귀마개를 하고 논에서 썰매를 타다 물에 젖은 옷을 말리려 짚단을 태우다 옷을 태워 먹고 부모님께 혼나던 추억은 내 가슴에 지워지지 않는 흑백사진으로 남아있다.

냇가 무넘이 아래 웅덩이의 메기, 붕어, 송사리, 물방개, 소금쟁이 들과 둑방의 벌, 나비, 개구리 들은 내 유년의 동무들이었고 그들과의 우정은 내 향수 속에 그대로 살아있다.

가끔 고향을 찾으면 여든 살의 나는 유년으로 돌아가 철부지가 되고 내 동심은 그대로 시가 되어 앞니 빠진 웃음을 짓고 있다.

회갑이 되던 해 시집 『언덕에 풀꽃에게』를 내고 산수傘壽에 이르러 80편의 동시을 엮어 동시집 『이렇게 좋은 날에 왜 눈물이 날까』를 낸다.

어릴 적 고향 야시골에서 감나무 타고 타잔 놀이를 하던 우식이는 화가가 되어 제 일처럼 기뻐하며 표지 그림을 그려주었고 사랑하는 두 손녀는 삽화를 그려 늙은 할아버지의 얼굴에 하회탈을 씌워주었다.

사랑한다는 말, 늘 목젖으로 밀어 넣었는데, 내 동심을 토닥거려 주며 외로운 창작의 길을 동행해 준 아내 종란씨에게 사랑한다는 말을 진하게 전하며 내 가슴은 노을이 되고 싶습니다.

1
할머니와 호미

떡볶이 친구 • 012

할머니와 호미 • 013

꽃똥 • 014

서리꽃 • 016

졸업식날 • 017

공원의 벤치 • 018

풍선껌 불기 • 020

걱정이 웃음으로 바뀐 날 • 022

달팽이집 • 024

어떡할까요? • 025

아빠랑 낚시 1 • 026

아빠랑 낚시 2 • 028

지구 오븐 • 030

숲속의 풍경 • 032

2
목련 나무와 별

줄넘기 • 034

목련 나무와 별 • 035

마스크 세상 • 036

세상에서 제일 예쁜 꽃다발 • 038

웃음 튀김 • 040

휴대폰 친구 • 042

이렇게 좋은 날에 왜 자꾸 눈물이 날까 • 044

말씨름 • 046

행복 계산법 • 048

윷말 쓰기 • 049

입학식과 졸업식 • 050

인정도 품앗이 • 051

꽃밭 학교 • 052

어두운 곳에 피는 환한 꽃 • 054

풀꽃들의 수업 시간 • 056

바위와 민들레 • 057

맛있는 거짓말 • 058

3
붕어빵 집 할머니

재미있는 그림 • 060
둥근 씨앗 모난 씨앗 • 061
AI 수업 시간 • 062
한글 수업 • 064
우리 집에 자러 와 • 065
붕어빵 집 할머니 • 066
신발이 더 좋아해 • 068
눈먼 자식이 효자 • 070
할아버지 손수레 • 072
졸음 낚시 • 073
단풍잎 화석 • 074
회오리바람과 오징어게임 • 076
사랑의 풍선초 • 078
고모 집 가는 길 • 079
물수제비뜨기 • 080
할아버지 꽃향기 • 082

4
할머니 유모차

할아버지와 약수터 • 084

징검다리 건반 • 086

풀과 꽃 • 088

새싹과 가랑잎 • 090

난 방학이 싫어요 • 092

모두가 최고 • 094

할머니 유모차 • 096

풀꽃들의 사글세 • 098

가장 튼튼한 지팡이 • 099

할미꽃 전설 • 100

까치 아파트 • 102

감자밭 숨바꼭질 • 104

오월의 숲속 연극무대 • 106

산골 집들의 소망 • 108

몽돌밭 동네 • 109

달님과 숨바꼭질 • 110

5
바람의 붓

담쟁이 화가 • 112
해님의 잠옷 • 114
바람의 붓 • 116
봄꽃들의 입학식 • 118
소나기 • 119
딱새 가족 둥지 틀기 • 120
딱새 육아일기 • 122
빨래가 발레를 • 124
노란 풍경 • 126
겨울나무 • 128
숲속 우체국에서 보낸 엽서 • 129
목련꽃 봉오리 • 130
지구를 돌리자 • 132
내가 나무이고 꽃이라면 • 134
지구가 몸을 풀다 • 135
🖋 발문 ‖ 양재일(시인) • 136

1
할머니와 호미

떡볶이 친구

난 떡볶이를 참 좋아하지

매콤 달달 쫀득쫀득 맛있는 친구

떡볶이가 내 앞에 오기까지
간장 고추장 설탕
온갖 양념으로 버무려
뜨거운 불판 위에 데워
맛깔스러운 색깔로
나와 쫀득쫀득한 사이가 된 거야

내 친구 예은이도
이런저런 다투는 날이 있었지만
잘 버무려져
매우면서도 달콤 쫀득쫀득한
사이가 된 거야

할머니와 호미

할머니는
호미랑 놀다 허리 굽고

호미는
할머니랑 놀다 허리 굽고

한겨울
아랫목 할머니는
호미랑 놀던 꿈 꾸고

처마 밑 호미는
할머니랑 놀던 꿈 꾸고

꽃똥

아카시아 그늘에서
동화책을 읽는다

책장 위에 꽃잎이 떨어진다

앗! 꽃똥이다

땅속 동굴 얘기가 그려진다

나무는
지렁이 두더지 땅강아지가 파놓은
어두운 동굴 속으로 손을 뻗어
그들의 똥을 먹고 자라겠지

나무는
똥을 먹고도 향기로운 똥을 누는데

사람은 맛있는 밥을 먹으니
고운 말을 해야겠다

서리꽃

모든 꽃은 해님의 은혜로 피지

모든 꽃 자취 감춰버린
춥고 어두운 밤에 피는
온몸이 꽃술인 꽃

농기구에도
장독에도
기와지붕에도
보석처럼 반짝이는 꽃

해님이 찾아오면 수줍어
숨어버리는
향기 없이 피는 겸손의 꽃

졸업식날

웃고 울고 시끌벅적
졸업식 끝나고
6년간 다니던
교문 밖으로 나오며
뒤돌아본다

올해부터
중학생이 되면
그럼 난
동시 마당에서
뛰어놀 수 없다는 걸까?

헷갈리는 졸업식날

공원의 벤치

공원 단풍나무 아래
언니 오빠들이 즐겨 앉던 벤치

봄 여름 가을 내내
지켜보던 단풍나무

늦은 가을날
살며시
벤치에 내려와 앉아

얼굴 붉힌 단풍잎 하나

풍선껌 불기

비 오는 날
누나랑 툇마루에 앉아
생밀 한 입 씹어 풍선껌 불면
처마 밑 낙숫물도
밥 짓던 가마솥도 따라 불지요

그땐
낙숫물과 가마솥이 더 잘 불었어요

지금 생각하니
시집간 누나가
훨씬 더 잘 분 것 같아요

걱정이 웃음으로 바뀐 날

할머니 폰 카톡에 '섬백리향'이란 닉네임으로
-'어머니 그간 감사합니다
새해에도 건강하세요'라는 메시지가 왔다

여든이신 할머니는 생소한 이름이라
다른 곳에 보낼 문자를 잘못 보내
그쪽에선 얼마나 기다릴까?
할아버지와 상의하여
'-뉘신지 몰라도 고맙긴 한데
새해 복 많이 받으십시오'라고 답글을 보내셨다

엄마가 걱정스런 얼굴로 내게 와
"예린아, 할머니가 좀 이상해" 하며
문자를 보여준다

크크,
할머니는 그동안 '며느리'란 문자로만
주고받으셨으니

달팽이집

이른 봄날 꽃밭에
햇볕 가득 담고 있는
달팽이 껍데기 하나

맨발로 소풍 나온 새싹들
추우면 쉬어가라고

일 나가는 개미들
비 오면 피해 가라고

평생 지은 집을
그냥 두고 갔네

나도
그런 집 하나 짓고 싶다

어떡할까요?

잔디밭의 잡초를 뽑는다

잔디밭 모퉁이
아기 제비꽃이
얼굴이 새파랗게 질려 떨고 있어요

잡초일까?
꽃일까?

뽑을까?
그냥 둘까?

어떡할까요?

아빠랑 낚시 1

아빠랑 강에 나가
낚시를 한다

아빠와 나는
깊은 곳에서

건너 얕은 곳에선
백로가 낚시를,

우린 아무리 기다려도
소식이 없는데

건너편 백로는
긴 주둥이로 잘도 낚는다

ㅡ아빠

"우리도 건너편에 가서
손으로 잡을까?"

아빠랑 마주 보며 웃는다

아빠가 던진 돌에
강물도 우리 따라
퐁당 동심원을 그린다

아빠랑 낚시 2

아빠랑 호수에 나가
밤낚시를 한다

초저녁부터 숲속에선
세가 노래하고
개구리도 노래하고

밤이 깊어
하늘엔 별이 반짝
호수 위엔 낚시찌가
별과 친구 되어 동동

밤새
나는 피라미 세 마리
아빠는 꽝!

아빠, 제가 실력이 좋죠

―아빠
"으흠, 나는 별만 낚았는데
날이 새니 모두 달아나 버렸네"

아빠랑 마주 앉아
뽀글뽀글
라면 끓이는 행복한 아침

지구 오븐

수평선이 보이는 소나무 숲속에서
온 가족이 캠핑하며 맞이하는 이른 아침

아빠가
"얘들아, 빨리 나와
오늘 아침 메뉴는 계란 프라이야!
늦게 나오는 사람은 먹을 수 없어" 하신다

텐트 밖으로 나와
수평선 위로 오르는 태양을 바라본다
거대한 쟁반 위에 올려진 거대한 계란 프라이?

밤새 지구 오븐을 돌려 구워낸
어제 아침엔 노릇노릇 구운 피자
오늘은 반쯤 익은 계란 프라이를,

세상 사람 모두 먹고도 남겠다
아프리카 어린이들도 이 시간 먹고 있을까?

숲속의 풍경

깊은 산속 토끼 길에
딸랑딸랑 꽃신 매달아 놓고
환한 웃음 짓는 산나리꽃

지나가던 벌 나비
탐이 나
만져보고 신어보고
맞지 않아
신발은 그냥 두고
노란 꽃가루만 가져 가요

신발에 맞는 왕자는 언제 올까?

2
목련 나무와 별

줄넘기

가을 운동장
단체줄넘기는 새싹을 키우는 온실

온실 속은 봄날이다
돌아가는 온실 속에
새싹 하나 둘 돋아난다

현서 새싹,
철이 새싹,
나도,
반 아이들 차례로 들어와
연둣빛 새싹으로 자란다

다 자란 선생님 나무도 들어오니
파릇파릇 새싹이 된다

목련 나무와 별

목련 나무는 사랑 나무

목련 나무는
겨울밤 추위에 떨고 있는
별을 재워주려
가지마다 포근한 집을
별만큼 매달아 놓아요

봄이 되면
겨우내 잠 잘 잔 별은
방을 깨끗이 청소한 뒤
향수를 뿌리고
방문을 활짝 열어놓고 가지요

마스크 세상
― 코로나19

문만 열면 온 세상이 마스크 세상

엘리베이터도
등굣길도
수위실도
선생님도, 반 친구도 마스크

마스크 안 쓴 맨얼굴
노란 개나리
연둣빛 산과 들
구름무늬 파란 하늘이 부럽다

투명 마스크 쓰고
지구 어린이 모두 만나
어깨동무하고 춤추고 싶다

코로나 지나가고

마스크 벗으면

서로 알아나 볼 수나 있을까?

세상에서 제일 예쁜 꽃다발

우리 동네 연립 모퉁이
작은 꽃밭에 오래된 나무 벤치 하나

앞집 할머니 뒷집 할아버지
지팡이 짚고 나와 데이트 하는 장소

꽃밭엔
할머니 할아버지 어릴 때
장독가에 피어
손톱에 꽃물 들이던
봉숭아꽃 알록달록

소꿉장난할 때
곱게 빻아 분 바르던
분꽃 씨앗 송송

할머니 시집갈 때 쓰던
족두리꽃 하늘하늘

작은 꽃밭은
할머니 할아버지가
옛 추억 얘기하며 주고받는
세상에서 제일 크고 예쁜 꽃다발

웃음 튀김

시골 장터 뻥튀기 아저씨
웃음 튀기는 마술사

무서운 무쇠 가마 입 벌려
옥수수 한 깡통 넣고
빙글빙글 어지럼 태우면

뻥! 하고
하얀 뻥튀기를 쏟아낸다

귀 막고 지켜보던 아이들
우르르 달려가 이삭줍기 바쁘다

아이들 입엔
웃음 한입 가득

아저씨는

다음 장날에도
장거리는 웃음 튀김이다

휴대폰 친구

휴대폰을 잃어버렸다
젤 친한 친구들

나는 도심 속 무인도에 떨어졌다
사람들은 많은데 친구가 없네

24시간 내 곁에서
숙제도 도와주고
선생님처럼 틀린 답도 지적해 주고
우울할 땐 음악도, 게임도
맛있는 음식점도 알려주던 친구를,

가까이 있을 땐 몰랐네
소중한 친구인 줄

진짜 내 친구
윤서가 다른 학교로 전학 가면 어떡하지?

이렇게 좋은 날에 왜 자꾸 눈물이 날까

구름 한 점 없는
파아란 가을 하늘 아래
혼자 그네를 탄다

하늘은 높은데
짚어 빠질 것만 같아
숨이 가쁘다

이렇게 좋은 날에
내가 왜 자꾸 눈물이 날까?

말씨름

말씨름하다간 마음이 다쳐!

씨름 장사들은 몸 다칠까
부드러운 모래밭에서 샅바를 잡고 하지

말씨름은 언제든지
교실이나 운동장이나 길거리나
어디서든 샅바 없이도 할 수 있지

그러나 말씨름은 잘못하면
마음의 상처를 크게 낼 수 있어!

상처를 치료하려면
오랜 시간이 걸리고
빨리 치료하지 않으면
고칠 수 없어 친구를 잃기도 하지

친구와 말씨름할 땐

우선 모래같이 부드러운

넓은 마음의 자리를 깔고

말꼬리 잡지 말고

친구가 넘어질 땐

샅바를 꼭 잡아줘야 해

행복 계산법

나이 숫자만큼 촛불을 켜고
맛있는 음식도 먹고
용돈도 받는
일 년에 딱 한 번 찾아오는
행복한 내 생일

양력 생일, 음력 생일
엄마 아빠가 두 번 챙겨드리는
할머니, 할아버지 생신날

할머니 할아버지께서는
아니야 아니야 하시며
행복해하신다

나도 옛날에 태어났으면
생일상을 두 번 받아먹을 텐데

윷말 쓰기

야, 설날이다!
온 가족이 모여 윷놀이하자

윷판에 윷말을 세우자
앞 말을 따라잡자

'에잇! 도가 나왔네
그럼, 업자 업어
업고 달리자!'

업으니
더 빠르게 달려 이길 수 있네

나도 뒤따라오는 친구 손을 잡고 달려봐야지

입학식과 졸업식

꽃 피던 봄날 입학식
두 손을 활짝 펴고 안아주던 교문

비가 와도
눈이 와도
양팔 벌려 안아주던 교문

1년
2년
.
.
.
6학년 졸업식날

나는 정문 몰래 뒷문으로 나왔다

인정도 품앗이

할머니 다리를 주물러드리는데
할머니는
나를 껴안고 어깨를 주물러주시며
"그래, 인정도 품앗이란다" 하셨죠

나도 꽃을 심어
매일 물을 주고 사랑도 주니
꽃은 나에게 다정스런 웃음과 향기를 주네

꽃과 내가 서로 인정 나누는 품앗이

꽃밭 학교

올봄 새 학기
우리 집 꽃밭 학교에 전학생 두 명이 왔다

자기 사랑, 신비라는 꽃말을 가지고
그리스 신화에 자존심이 강해
자기만을 사랑해야 하는 운명의 꽃,
하얀 얼굴과 주홍빛 입술에
짙은 향기가 나는 수선화라는 아이

오뉴월이면 벌그레한 종꽃이 달려
향기는 없지만 건드리면
곧 소리가 날 것 같은 꽃
성실과 정의란 꽃말을 가진

옛날 작은 성에
슬픈 종지기 할아버지의
전설을 들려줄 것 같은 섬초롱꽃

나는 꽃밭 학교 장미꽃 교장 선생님이야!
먼저 온 친구들과 인사를 해야지!
우리 학교 교훈은
"사랑이야!"

큰 꽃 작은 꽃
조금 못생겨도 맘이 예쁜 꽃 모두
웃으며 서로 사랑하며 지내야 해!

사랑이 넘치는 사월의 꽃밭 학교

어두운 곳에 피는 환한 꽃

우리 동네 연립주택은
어둡지만 환한 꽃이 피는 곳

비어 있던 위층에 새로 이사 온 이웃이
이사 떡을 가지고 와
환하게 웃는 얼굴로
잘 부탁한다고 인사하고요
현관문 앞 작은 종이상자엔
큰 글씨로
『택배기사님 간식』
'높은 곳이라 미안합니다'라고
적어둔 그 속엔
박카스 초코파이 초콜릿이
알록달록 환한 미소로
택배 아저씨를 기다리고 있어요

가난한 우리 동네는 초콜릿처럼
달콤한 인정이 넘치는 곳

풀꽃들의 수업 시간

새 학기 꽃밭 교실에
명찰 달고 수업 준비하는
팬지, 수선화, 데이지, 튤립…

풀이라
꽃밭에 들어가지 못하고
담장 밑에서 떨고 있는 풀꽃

해님이 먼저 찾아와 출석 불러요

냉이꽃, 예!
꽃다지, 예!
봄까치꽃, 예!

오늘도 서로 다정하게
이름을 불러주는 시간이야!

바위와 민들레

한평생 웃음 없이
무뚝뚝한 바위 얼굴

해님이 놀러와도
성낸 얼굴

가랑비가 간지럼태워도
웃지 않는 얼굴

이웃에 민들레꽃 이사 오니
화알짝 웃어요

맛있는 거짓말

선생님이 등굣길에
울타리에서 딴
산수유 열매를 따 주며
먹어보라 하신다

빨간 유혹에 씹던 아이들
찡그리며 뱉어버린다

－선생님
"눈 감고 천천히 씹으면
좋아하는 사람 얼굴이 떠오른다" 하시니
친구들 다시 씹으며
찡그린 얼굴로
참 맛있다 하네

참 맛있는 거짓말

3
붕어빵 집 할머니

재미있는 그림

해맑은 아침 꽃밭에
벌 나비들이
이 꽃 저 꽃 나풀나풀 날아다니며
붕붕 나팔꽃, 호박꽃 귀에 소곤소곤

간밤에 창식이가
요에다 지도를 그렸다고
온 동네 소문을,

꽃밭에 나온 차익이가
바지를 내리다
눈치를 채고
머리를 긁적이며
냇가로 달려가
냇물에 어른어른 그려지는 제 얼굴을 보며
빙긋이 웃는 아침

둥근 씨앗 모난 씨앗

봄날 꽃밭에
여기저기 돋아나는 새싹들

둥근 씨앗은 굴러
멀리 떨어진 곳에서도 나고
길고 모난 씨앗은
엄마 품을 떠나기 싫어
한곳에 모여서 나고

아마 나는 멀리까지 가
다른 아이들과 놀고 싶어
엄마 말 잘 안 듣는
봉숭아 씨앗을 닮은 것 같아

AI 수업 시간

졸리는 공부 시간

선생님이 책을 덮으라며
얘기를 하신다

반 아이들 동그란 눈
귀 쫑긋,

북쪽 어떤 나라는
벼농사 대신 기러기 농사를 짓는데
논에 미꾸라지를 넣어두면
기러기가 와서 정신없이 먹고 놀다
겨울이 되어도 가지 않아
그대로 발이 꽁꽁 얼어붙으면
농부는 낫으로 기러기를 수확한다는 얘기,

아이들은 고개를 갸우뚱

−선생님은 한 수 더 써
봄이면 잘린 기러기 다리에서
새싹이 돋아난다는 얘기에,
−아이들,
"에이, 선생님",

오늘은 AI 수업인가?

한글 수업

다섯 살 동생이랑
들길을 걷는데

먼 데서
기럭기럭 기러기 떼가
ㄱ자를 그리며 날아온다

"알아들었지?
저게 ㄱ자야"

ㅡ동생,
"아이 시시해
난 뒤에서 보니
ㅅ자인 걸!"

머리가 띵하던 날

우리 집에 자러 와

한여름 밤
평상에 누워 별을 보면
수많은 별들이
서로 다투어
자기 집에서 자고 가라고
눈을 깜빡거린다

저 많은 별들 집에 가서 잔다면
마지막 집에서 잘 땐
나는 몇 살이 될까

붕어빵 집 할머니

동네 어귀 할머니 할아버지가 굽던
붕어빵 집

어느 날 포장이 내려지고
한동안 어두웠다

한참 뒤 다시 포장이 걷히고
문 입구에 노랑 파랑 등불이 켜진 빵집,

오늘은 할머니 혼자 빵틀을 돌리신다

웬일인지 오늘은
붕어빵 배가 더 불룩하다

할아버지 돌아가시고
혼자 빵을 구우시며 할아버지 생각하다
팥소를 자꾸 더 떠 넣으셨나 보다

신발이 더 좋아해

설날 시골 할머니 댁 현관에
비행기, 기차, 자동차, 버스를 타고
맘 설레며 달려와 만난 신발들

할머니 신발 둘러싸고
엄마 아빠, 큰아빠 큰엄마 작은 아빠 엄마,
사촌 언니 동생
알록달록 크고 작은 신발 수십 켤레

뒤집어지고 포개어
살던 곳, 사는 곳 얘기
신학기 얘기로 들뜬 신발들

거실보다 더 떠들썩한 신발들

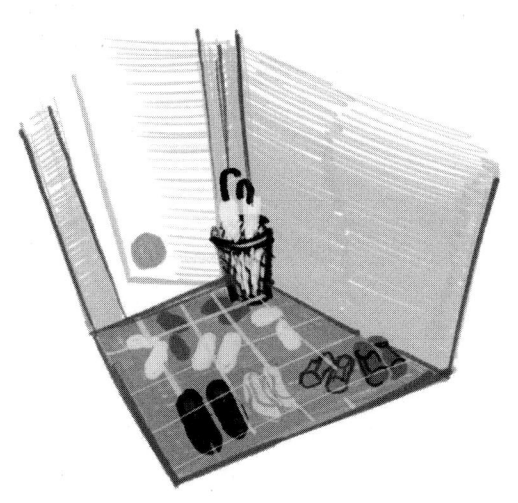

눈먼 자식이 효자

할아버지 텃밭에
씨감자 넣고 남은
씨눈이 허약한 한쪽

땅이 모자라
함께 자란 형제들과 떨어져
외진 곳에 심어뒀죠

외톨이가 된 감자는
이를 악물고 이슬을 먹고
가뭄과 외로움을 버티며 살았는데

하지가 되어
감자 캐는 날
잊어버렸던 눈먼 외톨이 감자

다른 감자보다도
굵고 튼튼한 자식을 많이 낳아
환한 얼굴로 인사를 한다

ㅡ할아버지,
"아이구야,
눈먼 자식이 효자데이!"

미안타!

할아버지 손수레

손수레 끄는 우리 동네 할아버지
곳곳에 모인 종이상자를 태우러 다니신다

마트 앞에선
섬에서 온 채소 상자
동해에서 온 생선 상자
산골에서 온 과일 상자

약국 앞에선
도회지에서 온 약 상자

공장 문 앞에선
외국 이름표를 새긴 상자도 태워주신다

낯선 곳에서 온 친구들이
서로 포개어 덜거덩덜거덩
말타기 놀이를 하며 간다

졸음 낚시

아빠랑 낚시하는데
졸음이 온다

바람도 졸고
아빠도 졸고
나도 졸고
찌 위에 앉은 실잠자리도 졸고

물속의 붕어도 졸고 있나 보다

단풍잎 화석

할아버지가
젊은 날 읽던 두꺼운 책

켜켜이 쌓인 지층 속에
예쁜 단풍잎 화석 한 장

할아버지가 할머니께 보내려 하신 건지
할머니가 할아버지께 보내신 건지

아직도 얼굴 붉힌 채
화석으로 묻혀 있네

회오리바람과 오징어게임

늦가을 아침
골목길 감나무 아래 낙엽을 쓰는데
담장 모퉁이에 숨어있던 회오리바람이
투명 인간처럼 달려와
쓸어놓은 낙엽을 흩어버린다

'오징어게임' 하잔다

다시 쓸어모으면
또다시 달려와 흩어버려
붉고 노란 감잎 딱지가 뒤집어진다
다시 쓸어 모으고
또 뒤집어놓고

가을은 '오징어게임' 하기 딱 좋은 계절

사랑의 풍선초

쓰레기봉투가 휴전선 건너
민통선 동네에 넘어온다

학교 담장 타고 오르는
사랑 씨앗 품은 초록 풍선초

더 부풀어
휴전선 너머 북녘 하늘에
사랑 풍선 띄워 보내면

받아본 북녘 친구들이
아저씨들 설득해
오물 풍선 대신 사랑 풍선 보내겠지

* 2024년 여름, 북한이 오물 풍선을 보내던 시기. 풍선초는 1년생 덩굴식물로 7~9월에 3~4센티 크기의 풍선이 열려 각실에 하얀 시트가 새겨진 까만 열매가 열린다.

고모 집 가는 길

꼬불꼬불
탱자나무 울타리
고모 집 가는 길

오월이면
하늘에서 별똥이 떨어져
탱자나무 가시에 하얗게 꽂혀
향기 그윽한 오솔길 따라가면
언덕 위에서
멍멍 검둥이가 먼저 알고
꼬리 흔들고
밭일 하던 고모 허리 펴고
손 흔들어주는 과수원 집

고모 집 가는 길 생각하면
한겨울에도 탱자꽃 향기 나는 오솔길

물수제비뜨기

아빠랑 강가에서 물수제비를 뜬다

아빠가 던진 돌은
동동동
동심원을 그리며 잘도 가는데

내가 던진 돌은
던지자마자 풍덩
그냥 가라앉는다

―아빠
"수제비 뜨기에 좋은 돌은
모가 난 돌보다
둥글고 납작한 돌이 좋아

사람도 성격이 둥글고
자기를 낮출 줄 아는 사람은

친구가 많고
모가 난 사람은
친구가 없지"

난 아직
성격이 둥글지 못한가 보다

할아버지 꽃향기

통학버스 할아버지 기사님,
운전석 옆 작은 꽃병에
매일 풀꽃을 꽂아 두셨죠

편찮으신가?
오랫동안 안 오셔
예쁜 꽃을 사서 꽂았는데
향기 하나가 빠졌어요

날마다 다정히 풀꽃 이름을 가르쳐 주시던
할아버지 풀꽃 같은 향기

4
할머니 유모차

할아버지와 약수터

이른 아침, 잔기침으로 일어나신 할아버지
"오름아, 약수터 가자"
할아버지 손 잡고
뒷산 오솔길 따라 약수터에 가니
졸 졸 졸 정겨운 목소리
약수터는 오래전부터 할아버지와
사귀어 온 사이
약수터는 밤새도록 잠도 자지 않고
할아버지를 기다리고 있어요
할아버지께서 떠 주신 약수 바가지에
하늘도 한 바가지 찰랑
약수통 가득 담아 내려오는 길
졸 졸 졸 멀어지는 소리에
자꾸 뒤돌아보는 약수터
할아버지와 약수터의 우정이
오래 갔으면 좋겠다

징검다리 건반

개울가 캠핑장

초저녁엔 텐트 지붕 위
빗방울 똑 똑 똑 낮은음자리표

한밤중엔 조르르 조금 빠르게

새벽엔 좌르르 아주 빠르게

해가 오르고 맑은 하늘
징검다리 사이로
콸콸 높은음자리표

온 가족이 발로 아찔아찔
징검다리 건반을 연주하는
즐거운 아침

풀과 꽃

봄날 아침
텃밭에 다녀오신
할아버지 할머니가
밥상 앞에서
텃밭에 돋아난 풀꽃을 두고
할아버지는
풀이라 우기시고
할머니는
꽃이라 우기신다

─할머니 할아버지
그럼, 풀+꽃 손 잡으면
풀꽃이 되겠네요!

"하하, 그렇군!
손 잡으니 더 좋은 사이가 되네"

봄날 아침

웃음꽃 만발한 식탁

새싹과 가랑잎

찬 바람 부는 이른 봄날
양지쪽에 새싹 형제들
엄마 몰래 맨발로 소풍 나와
떨고 있어요

건너편 응달에서
찬 바람이 쏴아 불어오니
가랑잎이 먼저 알고
또르르 달려와
포근한 이불 덮어주네요

나도 추운 사람에게
포근한 이불이 되고 싶다

이렇게 좋은 날에 왜 눈물이 날까 • 91

난 방학이 싫어요

텅 빈 운동장에 외롭게 매달려
찬 바람과 놀고 있는 그네

우리와 함께 놀던 생각을 하고 있겠지

서로 먼저 타려고 다투던 친구
혼자 그넷줄을 빙빙 꼬며 놀던 친구
먼저 타라고 양보하던 친구
마주 보며 함께 타던 친구들 모두
싫다 않고 모두 안아주는 그네

추운 운동장에서
교문 열리는 날을 기다리며
찬 바람과 놀고 있어요

오늘은 내가 친구가 되어줘야지

모두가 최고

모두가 최고인 날!

아침에 창문을 노크하는
해님은 세상에서 최고!

꽃밭에 이슬로
예쁜 꽃을 피워주는 별님도 최고

쓰레기 치워주는 미화원 아저씨도
아침밥 맛있게 차려주는 엄마도
교문 앞까지 버스 태워주는 기사님도 최고!

건널목에서
깃발 들고 안전 지켜주시는
할머니 할아버지도
교실 안 소란스러운 친구도

우리를 잘 가르쳐주시는 선생님도
아픈 이 뽑아주는 치과 선생님도
동화책 배달해 주는 택배기사님도
저녁에 통닭 사 오시는 아빠도 최고!

이렇게 감사할 줄 아는
나도 최고!

할머니 유모차

할머니가
유모차를 밀고 가신다

어린 시절을 생각하는지
엄마일 때를 생각하는지

할머니는 유모차에
할머니 아기를 태우고
천천히 밀고 가신다

풀꽃들의 사글세

이른 봄날
할머니 놀이터 채소밭에
햇볕 계약서 한 장으로
사글세 살던 작은 풀꽃

냉이꽃
꽃다지
봄맞이꽃
봄까치꽃

기한이 다 되어
할머니가 땅을 파 쫓아내도
작은 꽃들은 웃으며

"할머니 내년 봄에 또 올게요"

가장 튼튼한 지팡이

아파트 앞 공원 숲길에
할아버지 할머니가
지팡이 하나씩 짚고
두 손 꼭 잡고 걸어가신다

세상에서 젤 튼튼한 지팡이
꼭 잡은 두 손

할미꽃 전설

옛날 옛날 한 옛날에
딸 셋을 둔 어머니가
딸을 시집보내고 홀로 살다

백발이 되어 딸이 보고파
산 넘어 넘어 딸 집에 찾아갔다가
맏딸, 둘째 딸에게 구박받고

막내딸 집으로 가다가
그만 얼어 죽고 말았답니다

막내딸이 눈물로
양지바른 곳에 어머니를 묻어드렸는데
이듬해 봄 어머니 무덤가에
허리 굽고 머리 쉰 꽃이 펴
그 꽃이 할미꽃이 됐다는 전설이 슬퍼

우리 집 꽃밭에
할머니 한 포기를 모셔 와 심었는데
올봄 할머니는
새빨간 입술연지를 바르고 나오셨어요

까치 아파트

우리 동네 어귀
포플러나무 위 까치집은
엄마 아빠 손수 지은 고층 아파트

물세 전기세 관리비 없고
산과 들이 한눈에 들어오는
조망권 좋고
어디로든 날아갈 수 있는 역세권

아기 재워놓고
엄마 아빠 일 나갈 땐
바람이 흔들어주는
요람이 되는 집

감자밭 숨바꼭질

온 가족이
감자밭에서 숨바꼭질한다

할머니 할아버지
엄마 아빠 동생이랑
우리 가족은 술래
땅속 숨은 감자 가족을 찾는다

'꼭꼭 숨어라, 머리카락 보인다
감자 가족 다칠라 조심해라!'

마른 줄기 잡고
호미 날 깊게 넣어
조심조심 당기면

할아버지 감자, 할머니 감자
아빠 엄마 아기 가족 감자

손 잡고 환한 얼굴로
웃으며 나온다

감자 가족도 웃고
우리 가족도 웃는
감자밭 숨바꼭질

오월의 숲속 연극무대

연둣빛이 초록으로 바뀔 무렵이면
할아버지 텃밭 위 숲속은
연극무대

먼 곳에서 날아온 꾀꼬리
도착하자마자
휴~ 휴~
긴 안도의 숨을 쉰 뒤

곧 무대가 정리되고
할아버지
하모니카로 뻐꾹 왈츠를,

박새 딱새 곤줄박이 뻐꾸기 산까치 물까치 떼
크고 작은 새들의 합주로
오월의 숲속 연극무대 막이 오른다

맘마미아! 맘마미아!
꾀꼬리 뮤지컬 올리는
오월의 숲속 연극무대

나는 총지휘자!

산골 집들의 소망

관광버스 분주히 지나가는
고속도로 옆 산골 마을
초가지붕 양철지붕 슬레이트지붕
옛집들이 옹기종기 모여 사는 동네

봄이면
오가는 관광버스 보면 맘이 설레어
집집마다 울긋불긋
커다란 풍선을 들고 있어요

쟤들도 우리 따라
소풍 가고 싶나 봐요

함께 데리고 가고 싶다

몽돌밭 동네

쓰윽 쏴악 쓰윽 쏴악
거대한 가마솥 쌀 씻는 소리
물질 나간 우리 엄마
돌아올 시간

매일 콩자반 반찬만으로도
고봉밥 한 그릇 뚝딱 비우는
몽돌밭 우리 동네

달님과 숨바꼭질

달님과 숨바꼭질하면
달님은 언제나 반칙쟁이죠

술래 차례인데도
눈을 감지 않고
큰 눈으로
장독 뒤로 큰 나무 뒤로
어디든지
졸졸 따라다녀요

삐져서 방에 들어오면
창문 밖에서도 지켜보고 있어요

그래도
달님 혼자 두고 오니 잠이 안 와요

5
바람의 붓

담쟁이 화가

골목길 오래된 건물 담벼락
빛바랜 그림을 본 담쟁이 화가

봄부터
고사리손으로 힘겹게 오르더니

봄엔 연둣빛 그림
여름엔 초록 그림
가을엔 울긋불긋 화려한 그림
겨울엔 잘못 그렸나 지워버리는

담쟁이 화가는
자유 화가인가 보다

해님의 잠옷

해님의
잠옷은
금빛 비단옷

온종일
지구를 지키느라
수고했다고

하느님이 주신
선물

바람의 붓

어둡던 산과 들, 강 건너에서
아지랑이 발자국 따라온 바람의 붓

거대한 팔레트에 고운 물감 풀어
노랑 저고리 개나리
분홍 치마 진달래 그려놓고

골목길 돌담도 우리 집도 학교 운동장도
꽃동네 그림을 그리는 바람의 붓

어느새
내 가슴이 먼저 울긋불긋 꽃물 들었네

봄꽃들의 입학식

시골 폐교 운동장에
봄꽃들의 입학식이 열린다

노란 교복 개나리
일렬로 앞으로나란히!

화려한 얼굴 화장 광대나물꽃
가냘픈 몸매 꽃다지, 깨 웃음 냉이꽃
차렷!

노란 저고리 앉은뱅이 꽃 민들레
보라색 고깔모자 제비꽃
열 중 쉬엇!

학생들 다 모였는데
꽃을 좋아하시던
교장 선생님은 안 보이시네

소나기

오랜 가뭄으로
먼지 쌓인 운동장

멀리서
반가운 소리가 들려온다
우르르 쾅!
소나기가 함성 지르며 달려오는 소리

얼마나 먼 곳에서 급하게 달려왔는지
땅에 닿자마자 발목이 접힌다

소나기는
하얀 웃음으로 운동장을 덮는다

딱새 가족 둥지 틀기

공부방 담벼락에
선생님이 새집을 세 개 만들어 걸어놨는데
어느 날 딱새가 둥지를 틀었다
그것도 젤 못생긴 집을 선택해서

사람 눈과 새 눈은 다른가 보다

그곳은 우리가 앉아 조잘대는 벤치 위
우리와 친해지려고 지었나 보다

알을 낳고 우리가 조잘거릴 땐
주둥이로 알을 굴려 말을 가르치고
뛰어놀 땐 두 발로 바쁘게 알을 굴리며
달리는 훈련을 시켰나 보다

얼마 후
짹짹 아기가 다섯

엄마 아빠는 부지런히 먹이를 물고 와 딱딱
똥도 주둥이로 물어다 버린다

우리 엄마처럼

여러 날 지나 짹짹
새끼는 훌쩍 자라 말도 잘하고
엄마가 나뭇가지에 앉아 부르면
파르르 온몸을 떨며 나는 연습을 잘해
숲속으로 날아간다

엄마 손 잡고 징검다리 건너던 생각이 나

딱새 육아일기

―친구들아
우리는 숲속에 사는 딱새 부부야
아름다운 오월을 맞아 예쁜 집도 짓고
아이를 낳아 길러야 하는데
주위에 무서운 매와 고양이 같은 천적이 많아
헤매던 중 이웃 공부방 담벼락에
예쁜 집을 발견했는데
다행히 친구들이 우리를 반겨줘
이곳에 둥지를 틀게 된 거야
그리고 다섯 아이가 태어났단다

아이들이 자라는 동안 너희들이 벤치에 앉아
조잘조잘 재미있는 얘기도 듣고 배우고
즐겁게 뛰어노는 것도 배웠으니
우리 아이들도 너희들처럼
숲속 우리 세계에서 잘 놀 거야

고마워

내년 봄에 또 와도 되겠지?

빨래가 발레를

빨랫줄에 빨래가 발레를

장마 통 속에 갇혀있던 빨래가
구름 걷힌 파아란 하늘 아래
외줄 잡고 발레를 해요

하늘로 날아갈 듯
엄마 아빠 빨래는 너풀너풀
우리 빨래는 나풀나풀

내 마음도 빨랫줄에 매달려
춤을 추는 발레리나

노란 풍경

노란 개나리꽃 울타리 안

노란 어린이집

노란 옷

노란 모자

노란 가방

노란 버스 타고

노란 가슴으로

소풍 가는 봄날 아침

겨울나무

개는 주둥이가 따뜻해야
잠이 오고
소는 등이 따뜻해야
잠이 오고
사람은 발이 따뜻해야
잠이 온다고
할머니는 아랫목으로 내 발을 당기며
말씀하셨지

그럼
나무도 발이 따뜻해야
잠이 오나 보다

나무는 겨울이 되면
옷을 벗어 발을 덮으니까

숲속 우체국에서 보낸 엽서

긴 겨울 지난 봄날
대문 앞 우편함에
귀한 소식이 배달 됐어요

각종 세금 통지서만 오는 우편함

오늘은
세상에서 젤 포근하고
반가운 소식이 왔어요

박새 가족이 둥지를 틀었다는 소식
숲속 우체국에서 보낸 참 예쁘고 포근한 엽서

목련꽃 봉오리

남쪽 나라에서
바다 건너

산
넘고

강
건너

들녘 지나

먼 길 다녀와

파아란 하늘 아래
외딴집 대문 앞
가지마다
쉼표 찍는 목련 꽃봉오리

곧 털목도리 풀고

환한 그림 전시회를 열겠지

지구를 돌리자

날씨가 너무 추워!

지구를 반대쪽으로 돌리자!

눈을 크게 뭉쳐
우리나라 지도를 그려
반대쪽으로 돌리고 나니

온몸엔 김이 모락모락
벌써 여름이 왔네

내가 나무이고 꽃이라면

모든 꽃과 나무는
꽃말을 가지고 있지

내가 나무이고 꽃이라면
나에겐
어떤 의미의 꽃말을 불러줄까

나무라면
사계절 변함없이 푸르고 장엄한
전나무이고 꽃이라면
사랑의 향기로 이웃을 기쁘게 하는
장미꽃이고 싶다

사실은
지구의 모든 식물을 관리하는
정원사란 꽃말을 듣고 싶은데

지구가 몸을 풀다

보슬보슬 보슬비
땅속에 스며들어

꿈틀꿈틀
지렁이

꼼지락 꼼지락
새싹 쏘옥

간질간질
개구리 발바닥 가려워
폴짝

빙글빙글
지구가 몸풀기 한다

🔖 **발문**

노을로 그린 언어의 그림

양재일(시인 • 시인정신 발행인)

차홍렬 시인은 북한 땅이 눈앞에 보이는 서부전선 최전방 경기도 김포시 하성면에 살고 있다. '하성면'의 '하'는 '노을' 하霞이다. 여든의 그는 하늘의 노을을 벼루에 담아 마음의 붓으로 언어의 그림을 그리고 있다.

그는 남양주시 별내면 용암리 126번지 소리봉 골짜기에서 우리나라 최고의 전원 문화 카페 '하이디 하우스'를 운영하던 주인이었고 우리는 그를 촌장이라고 불렀다. 봄이 오면 그는 카페의 뜨락에 장다리꽃을 심었고 가을이면 메밀을 심어 축제를 열어 백일장과 사진전, 시낭송회를 했고 나는 시 낭송을 주관했다.

 황금찬, 조병화, 이생진, 이성교, 정대구, 정일남, 박희진(일곱 분 모두 작고) 윤강로 등 한국 시단의 별들과 많은 시인들이 시 낭송을 했고 그는 기꺼이 사비를 내어 봄, 가을 시 낭송을 할 때마다 열여덟 권의 시 낭송 시집을 만들었다.

 그의 뜨락에는 '그리운 금강산'의 작곡가 최영섭, '얼굴'의 작곡가 신귀복, '내 마음의 강물'의 작곡가 이수인 님과 성악가 윤치호, 황수정 님과 '별이 진다네'를 부른 '여행스케치'의 남준봉(차홍렬 촌장 누님의 아들) 등이 음악의 꽃을 피웠다.

 테너인 그는 발라드 가수로 유명한 이동원(작고)과 함께 정지용의 '향수'를 불러 하이디를 찾아온 관객들을 열광하게 했다.

메밀꽃을 동무인 양 착각한 어린 별들이 메밀밭에 내리던 날 밤, 그는 피아니스트를 초빙하여 카페의 뜰에 상아색 그랜드 피아노를 옮기고 '월광 소나타'를 연주하게 했으며 나는 그 자리에 우리나라 대금 최연소 이수자이자 전주 대사습놀이에서 대상을 차지한 조카 김병성(현, 중앙대 교수)과 동아콩쿨 해금에서 금상을 차지한 처조카 노은아(현, 서울대 교수)를 초대하여 시낭송회를 빛나게 했다.

그리고 그는 카페의 뜨락에 조병화, 황금찬, 이생진, 윤강로 시인의 시비를 세워 문학인들의 칭송을 받았다. 이생진 시인의 시비를 세울 때는 경기도 이천에서 3톤이나 되는 자연석을 구했고 나는 이생진 시인이 자필로 쓴 시 '저 섬에서 한 달만'을 받아 이천 백사면의 석재상에서 조각을 전공한 장인과 함께 시비를 만들었다.

어쩌면 그와 나의 인연은 지울 수가 없는가 보다. 그는 내가 해병대 생활을 했던 김포 하성에 있다. 그는 왜 그가 일구어온 우리나라 최고의 예술 성지

인 하이디하우스를 접고 대남방송이 고막을 찢는 낯선 땅에 빈 보퉁이를 풀었을까? 그것은 이웃의 카페에서 벌어지는 상업성 위주의 문화에 자신이 지향하는 예술의 순수성이 무너져 가는 것에 숨이 막혔을 거다. 그래서 그는 하느님이 무변광대한 하늘이라는 화폭에 그리는 노을을 찾아 김포 하성으로 그가 이루어 놓은 모든 것을 내려놓고 떠났다.

 가끔 손자를 보러 일산 딸집에 갈 때는 별내를 지난다. 그러나 나는 그가 떠나버린 소리봉 자락의 하이디하우스를 애써 외면하고 악셀을 밟아 속도를 높이고 자유로로 들어선다. 멀리 보이는 하성 쪽의 노을 속에서 인간사 번뇌를 다 비운 그가 이제는 할아버지의 미소로 내게 손짓을 한다.

 군대 생활을 할 때의 노을은 지금보다 더 향기로웠을 거다. 그러나 그때 내 눈은 노을을 보지 못했다. 그런데 이제는 자유로를 지날 때마다 그가 노을을 찍어 그의 아내 종란씨의 흰자위에 연서를 쓰는 모습을 본다.

야생화에 일가견을 가지고 있는 그는 지역아동센터에서 어린이들과 함께 자연 체험 학습을 하며 아이들에게 동시를 가르치고 있다.

보지 않아도 그는 꽃보다 더 예쁜 아이들과 함께 화단에 꽃을 심고 물을 주고 꽃 이름과 꽃말의 의미를 할아버지의 눈빛과 언어로 가르쳐줄 것이다.
 그리고 그는 "내가 그의 이름을 불러 주기 전에는 / 그는 다만/ 하나의 몸짓에 지나지 않았다. // 내가 그의 이름을 불러주었을 때 / 그는 나에게로 와서 / 꽃이 되었다"는 김춘수 시인의 대표시 '꽃'을 낭송한 후 아이들이 고사리손으로 심은 그 꽃에 아이들의 이름을 붙여주고 있을 것이다.

부모와 세월을 잘 만났으면 대학에서 그는 성악을 전공하고 엄정행이나 임웅균처럼 국민들의 사랑을 받는 성악가가 되었을 거고 가수의 길로 방향키를 돌렸다면 송창식과 함께 쎄시봉에서 통키타를 치며 한 시대를 풍미했으리라.

성악가의 경지를 넘은 그는 아이들과 함께 꽃을 심으며 동요를 부를 것이고 하모니카를 연주하며 아이들과 함께하는 시간을 축제의 장으로 만들고 있을 것이다.

그는 그의 일터에 어디선가에서 함지박을 구해와 논흙을 채운 후 물을 붓고는 아이들과 함께 수생식물을 심었을 것이다. 어쩌면 올챙이 몇 마리를 잡아 와 넣고 "개울가에 올챙이 한 마리 꼬물꼬물 헤엄치다 / 뒷다리가 쑥~ 앞다리가 쑥~ / 팔딱팔딱 개구리 됐네"라는 "올챙이와 개구리" 노래를 앞니 빠진 어린이들과 율동을 하며 부르고 있을 것이다.

이십여 년 전쯤일 거다. 청산도에 사진을 찍으러 갔던 그는 '바다에 비친 별빛을 낚으러 갔는데 별들이 던진 투망에 나도 청산도도 바다도 다 사로잡혀버렸다'는 미완성의 시를 내게 보이며 수줍음을 흘렸다. 나는 문학적 재능이 보이니 정진하라고 그의 수줍음을 토닥거렸다. 그리고 그는 윤강로 시인의 추천으로 모 문예지에 등단하여 시인의 길을 걸었고 첫 시집을 상재했고 절필을 했다.

그의 시심에 다시 촛불을 켜게 한 것은 샘물로 씻은 듯한 어린이들의 눈빛과 김포 하성의 노을이었을 거다. 그는 삼행시 시제를 아이들에게 주고 아이들과 함께 무지갯빛 목젖을 드러내 놓고 깔깔거릴 것이다. 그리고 그는 그의 가난한 지갑을 넉넉하게 열어 시를 잘 썼던, 잘 쓰지 않았던 모두에게 최우수상의 상품을 주고 어깨를 어루만져 주었을 것이다.

너무 길게 추억 속을 여행했다. 이제 그가 노을로 그린 동심의 세계 속으로 들어가 보려고 한다.

구름 한 점 없는
파아란 가을 하늘 아래
혼자 그네를 탄다
하늘은 높은데
깊어 빠질 것만 같아
숨이 가쁘다

이렇게 좋은 날에
내가 왜 자꾸 눈물이 날까?

―「이렇게 좋은 날에 왜 눈물이 날까」 전문

그가 사랑했고 그곳을 찾은 시인들과 예인들이 지금도 가슴에 담고 있는 하이디의 뜨락에도 그네가 있었다. 그는 당신의 손자들과 하이디를 찾아오는 어린 영혼들에게 그네를 태워 밀어주며 행복해했다.

그래서 그는 센터의 감나무에 그네를 만들었을 거다. 아이들을 태우려 했겠지만 어쩌면 그가 타고 싶었는지도 모른다. 그런데 그는 청명한 하늘을 보며 왜 눈물이 났을까? 어쩌면 그의 눈물은 하이디를 파라다이스로 완성하지 못한 채 꿈을 접고 떠나온 손가락 한 마디만큼의 아픔이 아니었을까?

그의 전성기를 함께 한 필자는 '인간시대' 등 텔레비전의 여러 프로그램에 소개되어 인간 승리의 표

상으로 알려진 그가 인생의 변두리에서 노을을 찍어 시를 쓰며 인자하게 인생의 황혼을 걸어가고 모습이 다시 한번 방영되었으면 하는 바램이 크다. 그가 하이디와 함께 사라진 것이 아니라 또 다른 인간 승리의 삶을 살아가고 있다는 것을.

그는 그가 젊은 날을 바쳤던 하이디 카페가 아닌 조무래기들이 돌아간 곳에서 혼자 그네를 타고 있다. 나는 그가 자연이 준 노을 카페에서 청명한 하늘이 흐르게 한 눈물을 노을과 함께 마음의 벼루에 부어 그리는 언어의 그림을 본다.

차홍렬, 그는 패배한 것이 아니라 영원한 청년으로 인생의 2막을 시처럼 살고 있다.